Pod moim niebem

Pod moim niebem

Teofila Górka

Wiersze wybrane

Pod redakcją Toli i Józefa Górki

Bibliografische Information der Deutschen Nationalbibliothek:
Die Deutsche Nationalbibliothek verzeichnet diese Publikation
in der Deutschen Nationalbibliografie, detaillierte bibliografische Daten
sind im Internet über dnb.dnb.de abrufbar
TWENTYSIX – Der Self Publishing Verlag
Eine Kooperation zwischen der Verlagsgruppe
Random House und BoD – Books of Demand
© 2020 Górka, Teofila; Górka, Tola; Gorka, Jozef
Layout und Umschlaggestaltung: Gorka Jozef; Górka, Tola
Alle Rechte vorbehalten
Herstellung und Verlag: BoD – Books of Demand, Nordestedt

ISBN: 9783740764791

Bibliograficzna Informacja Niemieckiej Biblioteki Narodowej:
Niemiecka Biblioteka Narodowa rejestruje tę publikację
W Niemieckiej Bibliografii Narodowej, szczegółowe dane bibliograficzne
są dostępne w internecie pod tym adresem: dnb.dnb.de
W kooperacji pomiędzy grupą wydawniczą
Random Hous i BoD – Books of Demand
© 2020 Górka, Teofila; Górka, Tola; Górka, Józef
Opracowanie graficzne: Józef Górka; Tola Górka
Wszelkie prawa zastrzeżone
Produkcja i publikacja: BoD – Books of Demand, Nordestedt

ISBN: 9783740764791

Słowo wstępne

Moje wiersze możesz czytać
bez przerwy i wszędzie,
bo są pisane sercem, z myślą o człowieku
Moje serce to księga otwarta.
Wciąż będą prawdziwe
w tym i w przyszłym wieku.
Moje wiersze ocenicie sami
Kiedy mnie nie będzie
Możecie czytać je wszędzie
W ludzkich twarzach
I ludzkim oku.

Te słowa autorka tomiku poezji **Pod moim niebem** zamieściła na okładce zeszytu, w którym zapisywała swoje wiersze. Równocześnie słowa te najlepiej oddają przesłanie wszystkich utworów zawartych w tym tomiku. Teofila Górka poetyckim językiem opisuje w nich po prostu .... życie. Autorka próbuje przeniknąć i zrozumieć świat i człowieka, jego potrzeby i niepokoje. Serdecznie i ze wzruszeniem pochyla się nad tym co cieszy i smuci, nad tym co boli lub sprawia radość, zachwyca się każdym pięknem. Potrafi pocieszyć, pokrzepić dobrym słowem, umocnić nadzieją. W tej poezji widoczne jest pragnienie poszukiwania i utrwalania bliskości z Bogiem w różnych momentach życia, wyrażające się w nieustannym podziwie i zachwycie nad urokiem świata, pięknem przyrody, bogactwem Bożych darów. Przesłanie wierszy przywraca wiarę w potrzebę trwałych, tradycyjnych wartości, które warto pielęgnować: miłość, dobro, nadzieję, ufność czy wiarę. Wiersze zawarte w tomiku **Pod moim niebem** powstały w latach 2005 – 2014. Można powiedzieć, że w późnym okresie życia Teofili Górki, która urodziła się w 1925 roku. Jak przyznaje pisanie wierszy było Jej …… marzeniem.

Moje marzenia

Moje marzenia od dawna wyśnione,
Na długie lata były odkładane,
Niemal zapomniane.
Bo marzenia to tak, jak miłość
Masz je w sercu
marzenia to tak, jak miłość
czasem się spełniają....
Aż po tylu latach odżyły marzenia,
Zaczęłam pisać, wróciły wspomnienia.
Pisanie to moje życie.....
Teraz, gdy zostaję sama w domu,
Nie nudzę się , nie czuję się samotna.
Czuję się szczęśliwa,
Bo moje marzenia to wiersze,
Moja miłość z młodych lat się spełniła.

Dlaczego tak późno powstały utwory poetyckie Teofili Górki? Zapewne to „bagaż" życiowych doświadczeń był wewnętrzną przeszkodą w pisaniu wierszy. Trudne dzieciństwo i młodość, problemy egzystencjonalne związane z koniecznością utrzymania własnej rodziny, wczesna śmierć męża Mieczysława i synów Jana, Tadeusza i Adama. Znajduje to wyraz w wierszu „Życie":

Życie

To było życie.
Krzyże, krzyże, krzyże
Dźwigała, cierpiała, łzy
Nadmiarem cierpień przygnieciona do ziemi.
Droga wyboista, podniosła się
Szła dalej przez życie
Czy to przeznaczenie
Urodziłaś się, by cierpieć
Krzyże, droga krzyżowa
Całe życie.

Pisanie wierszy stało się dla autorki tomiku **Pod moim niebem** lekarstwem na „ból egzystencjonalny i cierpienie". Dokonało się swoiste katharsis – uwolnienie od bólu i cierpienia, przemiana duchowa i fizyczna autorki. Utwory zawarte w tym tomiku są pogodne, pisane z dużym dystansem do siebie i otaczającego świata, pełne humoru, a czasami autoironii. Mamy nadzieję, że ten zbiór poetycki dostarczy czytelnikom pięknych i bogatych wrażeń, pozwoli się zadumać nad życiem, pozwoli odnaleźć i docenić piękno przyrody, przybliży nas ku Bogu i drugiemu człowiekowi. W pożegnalnym wierszu „Dla naszej Mamusi" mój brat Józef pisał:

...... ale Jej uśmiech będzie nam zawsze oświecał drogi w ciężkich chwilach" .....

Parafrazując niechaj przesłanie wierszy Teofili Górki będzie zawsze obecne w naszym życiu i w oparciu o podstawowe wartości budujmy swoją tożsamość i swoje człowieczeństwo.

Teofila Górka
córka autorki tomiku **Pod moim niebem**

Piękny jest nasz świat

Piękny jest ten świat, ale nie każdy go widzi.
Człowiek patrzy i nic nie widzi,
Chociaż ma zdrowe oczy,
Bo nie każdemu człowiekowi,
Dany jest taki dar widzenia świata.
I tego daru u niektórych ludzi nie ma.
Ale rozglądnij się wokół siebie,
Czy widzisz gwiazdy na niebie,
Kwiaty rosnące wokół ciebie,
Czy widzisz ludzi dobrych i złych.

Widziałeś kiedyś wschód słońca,
Albo pełnię księżyca, morza i rzeki,
I ptaszki śpiewające słyszysz.
Kukułki sprytne, które swoje jaja,
Na wychowanie młodych kukułek oddają.
Czy kiedyś widziałeś, czy rachowałeś,
Jak kukułka kukała,
Ile będziesz żył lat.

Chce mi się żyć

Chce mi się żyć
Gdy patrzę na ten piękny świat.
Chce mi się wyć z bólu niemożności.
Chciałabym zmienić świat
Przepędzić kłamstwa tam,
skąd przyszły.
Tam gdzie jest taka kraina,
taki świat.
Że wciąż tam mówią tak, tak, tak.
W tej krainie nie ma białego,
jest tylko czarne.

Życie

Życie, nieustanna walka o przetrwanie.
To radość i lęk, to rozpacz
Zmaganie się z czasem
Chwila uniesień, chwila chwały
I upadku, wysiłek nadludzki.
Zwycięstwo nad samym sobą,
Czasem nad kimś.
Wciąż walczysz, musisz walczyć.
Inaczej nie żyjesz, niekiedy to złudzenie,
Cel odniesione sukcesy,
Czasem wyjesz z niemożności,
Miłość, rozstanie, zdumienie
Myśli co się stało.
Nieustanna praca
By żyć
Zadowolenie.
Radość, cierpienie
Ból ciała, ból duszy.
Kochasz, nienawidzisz
Czujesz się niepotrzebny.
Mimo wszystko niemoc.

Muszę się streszczać

Muszę się streszczać, mam mało czasu

Nie mogę nawet złapać tchu, wszystko mnie goni,

Pieniądz ucieka, muszę go złapać

Nie mogę zwlekać.

Nie mam czasu, dzień umyka

Był poniedziałek, już jest niedziela

I tak co tydzień wszystko mnie goni,

Jakby ktoś dosiadł w sto koni.

Nic nie widzę, nie widzę ludzi

Nie widzę słońca, gonię bez przerwy.

Czy w tej gonitwie uleczę nerwy

Czy szczęścia zaznam w tej gonitwie.

Ja tego nie wiem – sami oceńcie.

Domek

Na skraju wioski stoi domek, malutki ten domek,
Ale też tylko jedna osoba w nim mieszka, stara Babcia Aniela.
Gdy dzieci wracają do domu ze szkoły,
Przystają, rozmawiają z Babcią Anielą.
A stara Babcia Aniela uśmiecha się do dzieci,
A uśmiech ma taki ładny, jak słońce.
Gdy się uśmiecha,
To wszystkie zmarszczki na Jej twarzy się uśmiechają.

Dzieci lubiły przysiąść na ławce obok Babci Anieli,
Bo zawsze coś ciekawego powiedziała,
Czasem na wesoło, a nie raz smutno.
I wtedy też twarz Babci Anieli też była smutna.
Pewnego razu Babcia zachorowała,
A dzieci idące ze szkoły dziwiły się,
Że Babcia Aniela nie wychodzi z domu.
Martwiły się, że Babci coś się stało.
Postanowiły wejść do środka, Babcia Aniela leżała w łóżku chora.
Dzieci zaopiekowały się Babcią; opowiedziały swoim rodzicom,
Rodzice sprowadzili lekarza.
A Babcia Aniela ślicznie dziękuje dzieciom
i tak pięknie się do dzieci uśmiecha.
A uśmiech Jej jest jak słońce.

Myśli człowieka

Błądzi i kto osądzi
Co człowiekiem rządzi
Myślisz i myślisz
Marzysz i pragniesz.
Żeby to, o czym marzysz się spełniło,
Przecież dobrze zaplanowane było.
A wszystko w łeb wzięło.

Sens życia

Podkowa przynosi szczęście.
Więc przybił podkowę nad drzwiami
I czeka, kiedy to szczęście przyjdzie.
Nic nie robił tylko czekał,
Aż szczęście wejdzie drzwiami.
Czeka i czeka, szczęście nie przychodzi,
Stoi i patrzy na tę podkowę.
A że podkowę źle przybił
Podkowa spadła mu na głowę.
Jaki morał jest z tej powiastki
Sami się domyślicie.

Życie

Myślisz, żyje się raz, raz się żyje,
I raz przyjdzie kres.
Nie przyspieszaj tej godziny,
Nie rób z życia zwykłej kpiny.
Rozglądnij się, czy nie będzie ci żal,
Tego pięknego świata.
Raz się żyje i raz będzie zapłata.
Na zapłatę trzeba mądrze żyć,
Trzeba żyć.

Człowiek i gwiazdy

Człowiek zawsze za czymś goni,
Wciąż mu mało.
Wciąż czegoś szuka,
Wciąż tęskni za czymś, czego nie ma.
Wciąż marzy, aż spadnie jego gwiazdka
I będzie koniec, wtedy ustanie tęsknota,
Skończą się nasze marzenia.
Inni będą patrzeć na gwiazdy
I czekać spełnieni.

Czas

Czas zacząć myśleć, trzeba myśleć,
Może warto przemyśleć, co jest lepsze,
Czy warto być czy mieć.
Gonisz i gonisz za forsą,
A życie ci ucieka,
Jakbyś nalewał wody do pustego worka,
A czas szybko mija,
I to co najcenniejsze omijasz.

Modlitwa
Do Ojca Świętego. Przebudzenie

Świat się przebudzi i weźmie Twoje słowa do serca.
I popatrzy wokół, zobaczy brata i siostrę.
I przypomni sobie Twoje słowa – kochaj bliźniego
Jakbyś kochał Boga samego.

Kochajmy ludzi, nie skąpmy uśmiechu
I dobrego słowa. Bierzmy wzór z Ojca Świętego.
Czasem nam to z trudem idzie,
Ale bądźmy mili dla każdego.
Nie płaczmy więcej, że Ojca już nie ma.
On nas nie opuścił, ale jest blisko Boga
I opiekuje się nami i każdym z nas z osobna.
I patrzy na nas z wysoka,
I wie czego ludziom na ziemi potrzeba.
Potrzebujemy miłości Ojcze Święty.
Potrzebujemy zdrowia, pracy i chleba,
Potrzebujemy siły i nadziei.
Żeby się więcej nie lękać.
Żeby brat brata nie gnębił,
Żeby nie był Kainem.
Żeby brat brata nie zabijał
Słowami, ani czynem.
Żeby była miłość taka,
Jaką Ty darzyłeś ludzi.
Żeby zawsze każdemu świeciło słońce,
Gwiazdy i księżyc.
Dziękuję Ci Ojcze Święty,
Za to, że byłeś i jesteś, za Twoją miłość do ludzi,
A jeszcze do Boga musisz się trudzić,
By ratować ludzi.

Poeci

Przed kilkunastu leci,
różnie wieszczyli poeci,
To przewidujący ludek,
Nie mówi nic bez ogródek.
Chciał ten wierszoklepka,
Ustrzec przed nieszczęściem chłopka.
Ale wierszoklepka zaszczuli,
I jeszcze go szczują,
Bo chcieli swoje miernoty
ukryć pod innych zalety,
rzucali kłody i doły kopali wielkie,
przez to chcieli ukryć swoje draństwa wszelkie.
Ale Bóg widzi i słyszy.
Łza Bogu z oka spłynęła.
Ta łza drążyła i drążyła,
Aż chłopka upokorzyła,
Bo nie posłuchał wierszoklepka.
Módlcie się za tego chłopka,
Niech go więcej nic nie spotka.
Chłopek mydlił ludziom oczy,
Niech mu Bóg przebaczy, nikt mu ręki nie dołożył,
Tylko Pan Bóg swój palec położył.

Dziennikarze

To ludek zwinny, błyskotliwy,
niekiedy drapieżny i dociekliwy.
Ale tego ich nauczono,
za taką pracę mają pieniądze,
Nie robią tego za darmo.
Żeby błysnąć chwytają się wszystkiego.
Nie myślą, że kogoś zranią.
Byle tylko swój cel osiągnąć
I po zapłatę rękę wyciągnąć.
Ale wszyscy jesteśmy ludźmi.
I są też tacy, co dla pieniędzy
Nie skrzywdzą człowieka.
Nie zbrudzą go, nie splamią.
Nie myślą, jaka zapłata ich czeka.

Planowanie

Usiadł i myśli, tyle mam na głowie różnych spraw
Czy da się coś zaplanować na dłuższą metę.
Chciałby mieć to, co nieosiągalne,
Lecz wszystko pęka, jak bańki mydlane,
Przez dzieci puszczane.

Myślę, więc jestem

Myślę, myślę ….,
Myślę, że przydałaby się wiosna.
Z wiosną wszystko lepiej sprzyja.
Nawet kwiatek się rozwija,
dostałam go na Dzień Kobiet.
Jeden kwiatek, jak sierota.
Przyjemnie jest dostać kwiatek,
raz do roku na Dzień Kobiet.
Bardzo to brzmi uroczyście,
no i oczywiście – zamaszyście.

Stary smok i małe smoki

Stary smok się zaczadził,
I ledwie go zratowano.
Chciał wyjść z małymi smoczkami na spacer,
Ale smoki wyjść nie chciały.
Mówiły, że ciekawiej jest w internecie,
Niż na spacerze.
A wy co na to powiecie?
Siedzą i siedzą smoki małe,
Przed komputerem dzień cały,
Głowy ich rozbolały.
Mówią do starego smoka, że źle z ich wzrokiem,
Bo taty smoka nie poznawały.

Stary smok tak rzecze:
Wierzcie mi dzieci przecie,
I w jamie smoczej też jest duszno,
Nie ma świeżego powietrza,
Możemy się nawet udusić,
Musimy z jamy wyjść,
Świeżego powietrza się napić,
Bo możemy życie stracić.

Lis

Widziałem lisa, co miał dwie nogi,
I nawet założył na nie ostrogi,
Wciąż czaił się zza krzaczka,
Nie wiadomo na kogo była ta zasadzka.
Na pewno nie na mysz,
Bo myszy łapią koty,
A lis czai się na większą zwierzynę,
Ogon pod siebie podwinął i czeka,
Aż mu się trafi gratka,
To będzie się cieszyć jego gromadka.
Może lisek znajdzie dobry kąt i wygodne siedlisko,
Bo norki są blisko,
Do norki nałapie małej zwierzyny,
Takiej jak wystraszony zając i tłustej kurzyny.

Komar

Zaczarowane twoje słowa brzmią, jak muzyka.
Tak, jak komara nie zobaczysz od razu,
Bo siądzie tak leciutko na ręce człowieka.
Dopiero jak się już napije jego krwi,
I jeszcze swój jad w skórę wpuści,
To wiem, że to ty, komar.
Ecto precto komorectwo.

Biedronka i Jaś

Chodzi Jaś po ogrodzie, idzie od krzaczka do krzaczka,
Cieszy oczy kwiatami, dostrzegł jeża i ślimaczka.
Ślimak wystawił różki; chodzi, a nie ma ani jednej nóżki,
Zauważył też Jaś biedronkę i prosi ją, żeby leciała do nieba
Żeby Jasiowi przyniosła kawałek chleba z nieba.

Mama woła Jasia: Jasiu chodź na śniadanie.
A Jaś czeka na biedronkę, bo mu z nieba kawałek chleba spadnie.
Czeka Jaś i czeka, a chleb nie spada z nieba,
Mama mówi do Jasia: Jasiu na chleb zapracować trzeba,
Jesteś Jasiu jeszcze mały, ale jak będziesz duży,
To praca będzie Ci służyć.

Czapla siwa

Jedna taka stara czapla siwa,
Bardzo się zgorszyła.
Bo młoda czapla język pomyliła.
Zamiast Pani starszej czapli
Powiedzieć dzień dobry Pani,
To młoda czapla powiedziała się ma.
Co się ma zapytała stara czapla,
Ja nic nie ukrywam. Nie wiem o co chodzi.
Mam stare gniazdo na skałach,
A jakaś zakała powie mi się ma.
A ja mam tylko stare gniazdo.

Czarny kruk

Kruk czarny chodził dumnie,
Groźnie spozierał na pliszkę.
Mała pliszka wciąż się kruka bała,
Ale nawet tak się zdarzyło,
Że raz pod jego skrzydła się schowała.
Myślała pliszka mała,
Że kruk to dobry ptak,
Ale się bardzo pomyliła,
Bo kruk był gorszy niż gad.

Przed gadem mogła frunąć,
A kruk wciąż skrzeczał kra, kra,
A biedna pliszka się go bała,
Bo kruk wielkie ptaszysko,
No to siłę ma.

Zima

Lecą śnieżki, saneczki mkną z górki,
Narty suną, tyle uciechy.
Chociaż mróz trochę szczypie, chociaż śnieg sypie,
Gwiazdeczki zrzuca na ziemię.
Dzieci wciąż są w ruchu,
Tarzają się w śniegowym puchu.

Pogoda

Mgła gęsta, szara rozlała się po dolinach
I tylko widać wierzchołki gór sterczące nad mgłą.
Jakby to były kikuty połamanych drzew,
A mgła jak morze szare i brzydkie.
Rozlała się wszędzie.
Jakby mgła szarą, brudną płachtę rozrzuciła.
Jakby to była zaczarowana mgły siła.

Życie i woda

Chrońmy przyrodę,
Niebo ziemię i wodę,
Bo jak powietrze zatrujemy,
Szybko się do nieba dostaniemy.
Wszyscy będziemy w niebie,
Jak zatrujemy wodę, niebo i ziemię.
Szanujmy ziemię naszą żywicielkę,
Gdybyś nie miał jedzenia,
Dostałbyś tylko deskę do leżenia.
Więc nie zatruwajmy wody, nieba i ziemi,
Cieszmy się, że tak pięknie
Wszystko się zieleni.

A woda to żywioł,
Woda to życie,
Woda daje nam życie.
Bez wody niejedno zginęłoby życie.
Chociaż to groźny żywioł,
Groźniejszy byłby brak tego żywiołu,
Wszyscy byśmy zginęli pospołu,
Więc szanujmy przyrodę,
Niebo, ziemię i wodę.

Władza i człowiek

Człowiek sam może doprowadzić
Do zniszczenia ludzkiego gatunku,
Przez swoją doskonałość.
Choć jest taki doskonały,
Może się pomylić w jednej chwili
Może nawet nie pomyśleć, czy się nie myli.
Może sam siebie wepchnąć w pajęczą sieć.
Bo pycha popycha go do władzy,
I władzę chce mieć.

Stara znajomość

Po starej znajomości poręczcie ten kredyt
Solidnie będę spłacał.
Nie będziecie mieć kłopotu,
Przecież mnie znacie.
Postawił mnie pod ścianą
Po starej znajomości.
Kredytu nie spłaca,
Zniknął gdzieś w świecie
I szukajcie po nim wiatru w polu.

Niebo

Wszyscy ludzie modląc się
Patrzą w górę, w niebo.
Czują, że w górze nad nami
jest Bóg.
Odkąd człowiek istnieje,
Patrzy i myśli, w górze jest Bóg.
Przecież Bóg nie może być na Ziemi,
Bo nie jest równy człowiekowi, jest Bogiem.
A Bóg musi być wysoko nad nami.
Modlimy się, prosimy, wzdychamy,
Oczy i głowę w górę zwracamy.

Marzyciel

Marzyciel ma zawsze głowę w chmurach,
Serce na dłoni, marzy i marzy.
Nie chodzi po ziemi,
Marzy, że jego marzenie się spełni.
Czy nie lepiej być realistą,
Rzeczywistości być blisko.
Przecież lepsze są konkrety,
Czy wiesz, co jest najważniejsze?
Dekrety.

Prawda

Każdy z nas ma kredyt,
Niekoniecznie w banku.
Różne są kredyty,
najważniejszy kredyt zaufania.
Jeżeli go przekroczysz,
To niejednokrotnie
Będzie ciężki do spłacenia.
Wtedy trudno będzie ci wierzyć,
Choćbyś mówił czystą prawdę.
To zawsze będzie jakieś gdyby,
Zawsze będzie jakieś ale.

Niebiescy mieszkańcy

Słoneczniki za słońcem obracają się wokoło,
Skowronek leci do nieba, i śpiewa i dzwoni.
Napełnijcie niebiescy mieszkańcy ziemię,
Pokojem, zdrowiem i radością.
Bo źle się czasami dzieje na ziemi,
Ludzie odwzajemniają się złością

Noc

Niechciana noc, kładziesz się i nie zasypiasz,
Myślisz dobra była ta kawa, którą wypiłeś rano.
A tyle jeszcze jest godzin do rana,
Tak byś chciał zasnąć, by nie myśleć.
Byleby zasnąć i rano napić się kawy.

A życie kręci się dalej

Życie kręci się dalej,
raz się jest wyżej, raz niżej.
Czasem mocno dostanie się łupnia w głowę,
To znowu ktoś ci podsunie marchewkę.
Czasem pogłaszcze po wnętrzu,
Ale zazwyczaj da ci kopa,
Takie jest życie.
Nie wiem, czy jest ktoś taki,
Że życie idzie mu, jak po maśle.
Nie wiem, ale to wiem, że na tym maśle
Można się dobrze poślizgnąć.
A czasem z tego masła, ciężko się otrząsnąć.
Ale nie ma co myśli roztrząsać,
Bo choćby była taka straszna mądrość nad mądrościami,
To i tak ci ktoś plany pokrzyżuje.
Albo Bóg, albo ludzie,
Człowiek myśli,
Pan Bóg skreśli.

Życie

Życie jest, jak droga

Niewiadomo dokąd zmierzamy.

Na naszej drodze są drogowskazy

Czasem idziemy nie patrząc.

Mijamy je i błądzimy.

Czy błądząc dojdziemy tam, gdzie zamierzamy.

Dobrze patrz gdzie idziesz

Uważaj na zakręty.

Oczy szeroko otwórz,

Bo na drodze człowieka

Bywają dziury i kłody, i przygody.

Łatwo możesz wpaść na takie przygody.

Sport

Sport to mordercza praca,

Ale się opłaca. Forsy fura,

A żona, niewiadomo już która.

Która już jest zaliczona,

Pierwsza już stara żona.

Choćbym wiedział

Wszystko wiem i nic nie wiem.
Choćbym przeczytał wszystkie książki
Mądrych ludzi na świecie,
I tak bym niewiele wiedział,
Nie wiedziałbym nawet,
W którym dzwonią kościele.
Bo ile się zmieści do mojej
Małej łepetyny,
Nie wiem co grają, czy grają prawdę,
Czy może robią sobie kpiny.

Ryje

Zawsze znajdzie się jakiś ryj,
Ryje i ryje, byle w przód,
Nieważne zasady,
Nieważne są schody,
Nie ma przeszkody, gdy chce się ryć.
Nieważne czyjeś życie,
Gdy ryje się skrycie,
Ważne, że miękki jest grunt.
Ważne, że się kogoś zniszczy,
Ważne, że się to ziszczy.
Bo w złej głowie,
Wymyślony rycia trud.

Biografia mojego Syna Józefa

Co cię gnało Synku w nieznany świat,
Czy to było przeznaczenie, czy los tak chciał.
Co teraz myślisz, gdy minęło tyle lat,
Jaką drogę byś wybrał.

Rzuciłeś się w wir świata niewiadomego,
Los zagnał Cię z jednego kraju,
do drugiego obcego kraju.
Bałam się, że uznają Cię za szpiega
A ty Synku szukałeś lepszego chleba.

Ale poradziłeś sobie, bo jesteś spokojny i dobry.
Te zalety ludzie dostrzegli w Tobie.
A mnie matce wciąż myśli tłoczyły się w głowie,
Czy żyjesz, czy jesteś zdrowy,
I te myśli jak bumerang wracały z myślą o Tobie.

Wiem, że nie było Ci lekko i nie jest.
Wciąż praca i praca. Bo trzeba utrzymać dom,
Który zbudowałeś, zarobić na wyżywienie.
Na wszystko co wiąże się z życiem.
I zakochałeś się w dziewczynie z dalekiego kraju,
a Ona nosi imię Rajju.

A teraz, gdy Cię zobaczyłam, jestem spokojna.
Bo wiem, że nie zmarnujesz swojego życia.
Dziękuję Ci Synku za Twoją rozwagę,
Za to że chcesz mądrze żyć, chcesz żyć.

Noc Świętojańska

Kwiat paproci, kwiat jednej nocy,
świeci jak diament wśród paproci,
jak gwiazda, która spadła z nieba,
jak długo szukać jej potrzeba.

Raz tylko w roku
ten kwiat możesz znaleźć,
w noc świętojańską, kwiat paproci,
biały kwiat, kwiat jednej nocy.
Kwiat ten tyle ma mocy,
Kwiat ten szczęścia i miłości,
Kwiat ten legenda go zrodziła.
Szukają kwiatu paproci,
Pełni nadziei młodzi,
Chcą znaleźć szczęście swoje
W kwiecie paproci,
Bo jak legenda głosi,
Ten kwiat miłość i szczęście przynosi,
Kwiat jednej nocy.
Szukają w blasku księżyca,
Szukają i już świta,
Księżyc schował się za horyzont,
Paproć zamknęła swój kwiat.
I nikt nie znalazł kwiatu paproci,
Jak stary jest ten świat.
Bo paproć nie ma kwiatów,
I paproć szczęścia Ci nie da,
Poszukaj szczęścia wśród ludzi
Spojrzyj na czyjeś oczy,
W nich znajdziesz kwiat paproci,
Kwiat jednej nocy.

Waga

Czy wszystko da się zważyć?
Czy zważysz swoje marzenia,
Czy zważysz swoje ja,
Co będzie cięższe na wadze,
Czy twoja złość czy dobroć?
Czy niegodziwość można zważyć?
Niegodziwość zważysz bez wagi,
Niegodziwość zważysz na oko.

Za trzydzieści srebrników

Za trzydzieści srebrników sprzedał Judasz Jezusa,
Tyle lat minęło od tamtego czasu,
I tak jest do dzisiaj,
A może jeszcze bardziej
Sprzedają ludzie ludzi,
Bo to łatwy pieniądz,
Nie trzeba się zbyt trudzić.
Trzydzieści srebrników to dużo czy mało,
Za te srebrniki kogoś się sprzedało.
Przejdą srebrniki, a gorycz zostanie.
Do końca życia pustka ci zostanie,
Trzydzieści srebrników będziesz widział wszędzie,
Trzydzieści srebrników w równiuteńkim rzędzie.
Trzydzieści srebrników w uszach dzwonić będzie.

Szczęście

Czymże jest szczęście,
Którego szukasz tak,
Czymże jest szczęście,
Czy to pieniądze, sława i blask,
Czy może szczęścia szukasz w miłości,
Czy tego szczęścia najbardziej ci brak.
Pieniądze i sława, to dwa duże słowa.
Pieniądze możesz łatwo stracić,
A sława, sława jest tak ulotna, jak ptak,
Jak motyl, jak woda w rzece,
Wciąż płynie i płynie i znika gdzieś w dal.
Miłość jest szczęściem,
Gdy kocha ona i ty,
Gdy jest spokojny dom,
Gdy szanują się ona i on,
I przyjaźń gdy trwa,
Gdy dajesz swoje serce,
I ona serce ci da,
Wtedy szczęście trwa.

Kto mi da

Kto mi da łyk powietrza,
Kawałek słońca, i ścieżkę
Koło mojego domu,
Bym mogła chodzić po niej,
I nie zawadzać nikomu.
Jakże niewiele mi trzeba,
Kawałek słońca i nieba.
Dobrzy ludzie pozwólcie mi,
Pochodzić po mojej ścieżce,
Koło mojego domu.
Nie chcę zawadzać nikomu.
Zawsze mały był mój świat,
Rodzina, praca w domu i w polu,
Nigdy nie chciałam być ważna,
By nie przeszkadzać nikomu.
Jakże niewiele mi trzeba,
Ścieżkę, kawałek słońca i nieba,
I odetchnąć powietrzem,
Popatrzeć wokoło.
Więcej mi nie potrzeba.

Oj, boli

Niech go boli, niech go boli,
Dosypać mu jeszcze soli.
Na mojej skórze, na ciętej ranie,
Posypali solą dranie.
Posypali, posolili,
Wciąż coś boli,
jak bolało, dalej boli.
Niech go boli, niech go boli,
Mało dosypali soli,
Piołunem słowa polali,
Jeszcze swoją żółć dolali.
Żółci swojej nie żałowali,
Dobroć swoją pokazali,
Niech go boli.

Muzyka

Mistrz uczesał się jak artysta
Wybił tonów trzysta albo trzy tysiące.
Kto wie czy nie więcej.
I od tej muzyki bolały go uszy
Przykleił się do stołka
I nikt go nie ruszy.

Ludzie i żywioły

Czemu dzisiaj mój Boże, wichura za wichurą
I trąby powietrzne, zniszczone domy,
Zalane pola, zniszczone zboże,
Ciężko jest mój Boże.
Czemu dzisiaj tak nie jest,
Jak dawniej bywało,
Łagodne burze przechodziły,
Nie było trąb powietrznych,
Ludzie byli bezpieczni, mój Boże.

Myślę, że ludzie
Do tych strasznych żywiołów się przyczynili,
Bo teraz świat jest jak złe zwierze.
Strach mnie ogarnia,
Boję się i jak tu żyć mój Boże.
Świat ma zęby tygrysa,
Buty wielkoluda i ostre pazury,
Boję się mój Boże,
Co mam robić,
Czy wskoczyć do mysiej dziury.

Nadzieja

Bo ile jest ludzi
Tyle cierpienia
Tyle radości
Tyle zwątpienia.
Tyle nadziei, że wszystko minie.
I że kiedyś spokój i radość spłynie.

Fryzjerzy

A jak przysłowie mówi,
Poniedziałek to dzień szewski,
Ale może też być fryzjerski.
Bo jak się zarwie pracą niedzielę,
To szewc z fryzjerem muszą się
Poniedziałkiem podzielić.

Dzban

Wszyscy widzieli, jaki to był dzban,
Różne rzeczy można było w dzbanie nosić.
I wszystko się wydało, co ten dzban nosił,
Bo ucho się urwało,
I wszystko się rozsypało.

Nosił dzban, albo w dzbanie ktoś nosił,
Nosił i nosił, ale się tak zdarzyło,
Że w dzbanie za dużo było,
Ucho się urwało, i wszystko się rozsypało.

Nie wiem co ten dzban nosił,
co w tym dzbanie było,
rozbił się w drobny mak,
Czy musiało być tak.

Starzec

Przysiada na ławeczce,

Do słońca kieruje ręce i wzrok,

I zoraną bruzdami twarz.

Taką, jaką przeorał ją czas.

Dziadek

Jestem taki stary,

Nawet nie wiem ile mam lat,

Kiedyś byłem chwat,

Fajkę gdzieś zgubiłem.

Nie wiem, czy dobrze zrobiłem,

Może ją kiedyś znajdę,

To będę miał frajdę.

Spowiedź dziadka

Przysiadam na ławeczce, grzeję się do słońca.
O niczym nie muszę już marzyć, bom już stary starzec.
Twarz przeorał czas, jakby pługiem była zorana,
Gdy zasypiam, myślę czy doczekam rana.
Uczciwość mnie nie zawiodła,
Nie miałem firmy bez godła,
Fortuna mi nie spadła z nieba.
Nie bawiłem się w intrygi,
Nie zrobiłem forsy w trzy migi.
Na co mi forsy potrzeba,
Przecież forsy nie zabiorę do nieba.
W niebie wszystko na jedną szalę trzeba rzucić,
Niejeden chciałby na ziemię powrócić.

Ile jeszcze?

Ile jeszcze przyjdzie mi znieść,
A moje serce łomoce w mej piersi,
Jak zraniony ptak.
Ile jeszcze przyjdzie mi znieść,
Ile jeszcze cierpień, czy ja udźwignę to brzemię,
Nie wiem, życie mnie już zmęczyło,
A serce moje krwawi,
Ledwie oddycham, czy mi wierzycie?
Ledwie się we mnie iskierka życia tli,
Ledwie me serce tłoczy krew,
Ledwie me płuca chwytają dech.
Ledwie me oczy patrzą na świat,
Lecz w ludziach siedzi ten gad,
By zgasić to, co jeszcze we mnie się tli,
w plecy me wbić żądło swe.
Czy mi sił starczy,
By dożyć kresu mych lat,
Jestem jak, zraniony ptak,
Któremu skrzydła połamał wiatr.
Nie chcę o ludziach myśleć źle,
Ale łza już wyschła w oku mym,
I moje ręce opadły już,
Jak złamane skrzydła ptaka.
I wciąż myślę, czy jest jeszcze brat,
Czy tylko kat.

Dusza człowieka

Każdy może być samotny
Nawet w tłumie.
Każdy może zrealizować,
To co umie.
Bo przecież nie trzeba wiele,
Aby w życiu było weselej.
Bo nawet przechodząc obok drugiego człowieka,
Uśmiechnij się do niego, nie zwlekaj,
Bo każdy na uśmiech czeka.

Posłowie

Wiecznej pamięci *„Błękitnej róży"*:

Mądrość

Człowiek ciągle za czymś goni
Wciąż mu mało, czegoś szuka
Myśli gonią jak sto koni
Żyć w prostocie, to jest sztuka

Człowiek ciągle o czymś marzy
Tylko żądza w jego głowie
Zmarszczki kwitną już na twarzy
Tyle kłamstwa w każdym słowie

Już gotowy rachunek życia
I nie rzucisz losu kości
Gdzie znalazłeś twój sens bycia
Żyłeś zgodnie czy też w złości?

I staruszek, czas ucieka
Martwe ręce w zimnym łonie
A na końcu proch z człowieka
Czy zabrałeś czyste dłonie?

Twoje gwiazdy co Cię wiodły:
Dużo dobra i miłości
Zło i zawiść Cię nie zwiodły
To Twa droga do wieczności

Twój syn Józef

Biografia

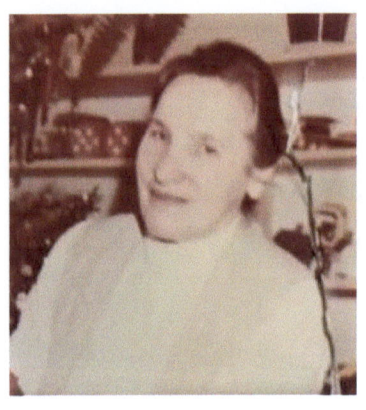

Teofila Górka autorka tomiku wierszy *Pod moim niebem* żyła w latach 1925 – 2016. Trudne dzieciństwo i młodość, a głównie ciężkie ciosy losu znalazły swój wyraz w pierwszych utworach poetyckich, które były wyrazem bólu, cierpienia i rozpaczy. Ale pisanie wierszy było czynnikiem jej przemiany duchowej i fizycznej – z biegiem lat życia cechowała ją pogoda ducha, dystans do siebie i świata. I ta metamorfoza widoczna jest w jej obecnym tomiku *Pod moim niebem* - utwory są pogodne, pełne humoru, ciepła i zabarwione głębokim humanizmem. Pamiętny był też debiut literacki: 85–letnia autorka publicznie czytała swoje wiersze podczas Świętojańskiej Nocy Poetyckiej zorganizowanej przez Muzeum Regionalne „Dom Grecki" w Myślenicach. Także na łamach Gazety Myślenickiej publikowała swoje utwory poetyckie.

Obrazy w tym tomiku wierszy pochodzą ze zbioru prac artystycznych Teofili Górki